Lira rota

MARTÍN GARCÍA RAMOS

Lira rota

Prólogo de Juan de Dios García

Epílogo de Bartolomé García Pérez

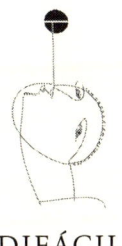

DIFÁCIL

MARTÍN GARCÍA RAMOS: LA FIDELIDAD DE LA HERIDA

Toda antología poética es, en el fondo, un gesto de recomposición: una tentativa de devolver unidad a lo que nació disperso en el tiempo, en la experiencia y, a menudo, en el dolor. *Lira rota*, de Martín García Ramos, se ofrece al lector contemporáneo como una obra atravesada por esa fractura original que no es solo estética —la del instrumento dañado que ya no puede emitir un canto puro—, sino vital, histórica y espiritual. La lira está rota porque lo está la vida que la pulsa; y, sin embargo, su música persiste.

El rigor filológico nos obliga a comenzar situando el libro en su tiempo. El proceso de composición de estos poemas coincide, no por azar, con su ingreso en el sanatorio antituberculoso de Canteras, en Cartagena, entre 1945 y 1946. El dato biográfico no es accesorio: Martín García Ramos tenía entonces veinticinco años, una edad en la que el porvenir suele pensarse como promesa, no como amenaza. La tuberculosis —larga, silenciosa, rodeada de aislamiento— introduce una grieta prematura en esa expectativa. De ahí el título del libro: no una lira destruida, sino rota; todavía capaz de emitir sonido, aunque sea quebrado, irregular, atravesado por la conciencia del límite.

Conviene leer *Lira rota* desde esa tensión: la de un joven poeta que escribe sabiendo que el tiempo puede no pertenecerle del todo, pero que, precisamente por ello, se aferra a la palabra como forma de permanencia.

Dos de sus hermanas recordaron que, durante aquella estancia hospitalaria, Martín colaboró en la revista que se imprimía desde el propio sanatorio, titulada representativamente *Reposo*, nombre que parece resonar, por contraste, con la inquietud moral y afectiva que cruza estos poemas.

La estructura tripartita de la antología responde con notable coherencia a ese itinerario interior. «Voces del alma», «Lira rota» y «Canciones del Almanzora y otras» no son meros compartimentos temáticos, sino estaciones de un recorrido espiritual que va de la introspección doliente a la elegía amorosa y, finalmente, a una suerte de reconciliación con el paisaje, la memoria colectiva y la fe.

En «Voces del alma» domina una poesía meditativa, de raíz moral, donde el yo lírico se enfrenta a la fugacidad, la muerte y la corrupción interior. El poema inicial, 'Ensayo', ofrece un ejemplo particularmente revelador. El cementerio humilde del «viejo pueblo», sin cipreses ni mausoleos, se convierte en espejo ético: frente a los «gusanos negros» que roen los huesos de los muertos, el poeta identifica otros gusanos —«negras envidias, torpes deseos, viles egoísmos»— que devoran al vivo. La pregunta final —«cuál de los dos estará más muerto»— remite a una tradición ascética y evangélica que franquea todo el libro. No ha de extrañarnos que esta reflexión nazca en un contexto de enfermedad: el cuerpo amenazado intensifica la lucidez moral.

Desde el punto de vista formal, estos poemas revelan una clara fidelidad a la métrica clásica —sonetos, romances, estrofas regulares— que no responde a un anacronismo, sino a una concepción ética de la forma. En un tiempo de ruptura personal, la regularidad métrica funciona como disciplina interior, como afirmación de sentido frente al caos. Así, en 'Optimismo', el hallazgo de una «senda florecida» al borde del abismo es, además de una imagen espiritual, el resultado de un equilibrio estructural que sostiene el discurso.

Hay también poemas que, por su temática, podrían haberse inclinado hacia la disolución formal. Ocurre lo contrario: cuanto mayor es la amenaza del caos, más férrea parece la voluntad de orden. El soneto 'Hallazgo', por ejemplo, organiza en catorce versos una experiencia que podría haber derivado en mera queja:

crucé la noche oscura de mi vida
y me arrastré por un manchado suelo
iluminado solo por un triste amor.

La imagen es inequívocamente existencial, pero su eficacia procede de la precisión retórica: la metáfora del peregrino perdido, del esquife sin rumbo, no se acumula caóticamente, sino que avanza con una lógica casi escolástica hacia la resolución final. El hallazgo —«oasis, puerto y cielo»— no elimina el dolor, pero lo alumbra.

La sección central, «Lira rota», da nombre al libro y concentra la herida afectiva, su núcleo emocional. Aquí el rigor técnico convive con una imaginería amorosa de raigambre popular: la rosa, el camino, el río, la lágrima… Podría pensarse en un simbolismo elemental, casi ingenuo, pero basta una lectura atenta para advertir la sutileza de los desplazamientos semánticos. La voz poética se vuelve más narrativa, más directamente confesional. La figura de la rosa —símbolo tradicional del amor y de su caducidad— articula una alegoría de la ilusión perdida. En 'La rosa soñada', la espina clavada en el corazón no es solo el dolor del abandono, sino la conciencia de que toda belleza lleva inscrita su llaga. La biografía enciende discretamente estos versos: durante la enfermedad de Martín García Ramos, su novia, Catalina Pérez, fue enviada a Córdoba con la intención de apartarla de él. El intento fracasó, pero el poema conserva la huella de esa amenaza de pérdida, de ese amor puesto a prueba por la fragilidad física y la presión social.

Conviene subrayar que, incluso en los poemas de despecho o desengaño, no hay en García Ramos una deriva hacia el cinismo. El amor puede fallar, pero no pierde su dignidad. En 'Tú no…' la memoria del «amor primero» se impone a cualquier olvido voluntario: la fragancia persiste, aunque el sendero haya sido cubierto por la hierba. Esta fidelidad a lo vivido conecta con una integridad del recuerdo que recorre «Lira rota» de principio a fin.

Incluso en la desesperanza más amarga, el poeta no cae en el nihilismo. En 'Desengaño', mientras maldice su suerte amorosa, termina bendiciendo a la amada. Este gesto final revela una ética del amor entendido como don.

La tercera sección, «Canciones del Almanzora» y otras, amplía el horizonte. El yo individual se funde con la voz colectiva y con el paisaje almeriense: el río Almanzora, las ferias, las rondas nocturnas, la sequía, la riada devastadora… Aquí la poesía se vuelve crónica lírica de una tierra herida, pobre y hermosa a la vez. Poemas como 'La riada' o 'Tierra sin agua' muestran una notable capacidad descriptiva, pero también una lectura moral del desastre: la naturaleza refleja la precariedad humana, la lucha constante contra la adversidad.

En esta última parte se hace especialmente visible la dimensión religiosa del autor. García Ramos fue creyente hasta el final de su vida, con una religiosidad que no se identifica con el triunfalismo institucional del franquismo, sino con una ética evangélica primaria, casi originaria. Su cercanía espiritual a la teología de la liberación —paradójica en un escritor rural de la posguerra— se advierte en la insistencia en la dignidad del sufrimiento humano. Su cristianismo se orienta hacia los humildes, los enfermos, los olvidados. No es contradictorio que convivieran en él la veneración por Jesucristo y la admiración por Mao Tse-Tung: ambas figuras encarnaban, a sus ojos, una radical apuesta por los pobres y los oprimidos. Esta sensibilidad se manifiesta en poemas donde la gracia divina no es abstracta, sino fuerza que sana, como en 'A un olivo', en el que la mano de Dios actúa como cirujano que extirpa la parte enferma para devolver la vida.

No es casual que el libro termine mirando al cielo —la luna, el viento, la luz— sin abandonar nunca la tierra. El cristianismo de Martín García Ramos tiene arraigo. Su visión de María como madre se traduce, con inspiración, en una constante defensa de lo frágil: la muchacha enferma, la fuente seca, la huerta perdida, el amor que no cuajó.

Estos textos no son juveniles en el sentido superficial del término. Es una obra escrita joven, sí, pero desde una madurez forzada por el trastorno, el amor probado y la fe examinada. Su tono —a veces clásico, a veces popular, siempre claro— responde a una necesidad ética: decir lo esencial sin oscuridad innecesaria.

Leído hoy, *Lira rota* se revela como un testimonio singular de la poesía española de posguerra escrita desde la periferia geográfica y desde el margen de los grandes movimientos literarios. Su valor no reside en la innovación formal, sino en la coherencia moral y en la autenticidad de su voz. El lector percibirá aquí que una vida entera —con sus amores, su enfermedad, su fe y su tierra— se condensa en unas páginas escritas con pudor, claridad y emoción contenida.

La lira está rota, sí. Pero precisamente por esa grieta entra la verdad. Y es esa música imperfecta, humana y fiel, la que sigue resonando en estos poemas.

Juan de Dios García

I

Voces del alma

ENSAYO

Me gusta el silencio
de este cementerio
sin negros cipreses
ni sepulturero
que turbe la calma
de los pobres muertos.

¡Pobre camposanto
lleno de esqueletos!
¡Pobre camposanto
de mi viejo pueblo!

Bien sé que no tienes
grandes mausoleos,
ni estatuas de mármol,
ni amenos paseos.
Te cerca una tapia
hecha a piedra y yeso,
tienes cruces toscas
de oxidado hierro,
lápidas curiosas,
unos lirios secos…

Dicen que no guardas
entre tantos muertos
ningún hombre célebre,
ningún financiero,
pero tienes muchos
honrados labriegos
que fueron en vida
sufridos y buenos.

Dicen que en la tumba
hay gusanos negros
que os van, poco a poco,
royendo los huesos.
Hay quien, al pensarlo,
dice: «¡pobres muertos!».

También a nosotros
que, porque comemos,
reímos y andamos
vivos parecemos,
nos van devorando
gusanos muy negros
de negras envidias,
de torpes deseos,
viles egoísmos
y goces perversos.

Por esto he pensado,
viendo un esqueleto,
en cuál de los dos
estará más muerto.

Quedaos vosotros
con vuestro silencio,
que yo sigo andando
mi triste sendero.
Yo sé que guardáis
bastantes secretos…

¡Qué cosas dirían,
si hablaran, los muertos!

Yo sé que algún día
juntos estaremos.

INSTANTÁNEA

Pone el sol en las hojas del árbol
reflejos de plata.
Ay, las hojas lozanas y verdes,
brillantes escamas
que se ciernen a impulsos del viento
dibujando arabescos de nácar.
Del almendro florido se elevan
mariposas blancas.
Albos pétalos muertos que caen
por la verde pradera alfombrada.

Entre tanto, tendido en el césped,
yo contemplo la nube que pasa
y oigo al mirlo que entona, en lo verde,
sus notas aladas.

Todo invita, en la tarde serena,
a gozar de la plácida calma.
Sin embargo, la nube deshecha,
el mirlo que calla,
y esa hoja arrancada del árbol
que abatida quedó en la enramada
me recuerdan lo breve que ha sido
mi dicha pasada.

ANHELO

Dime, viejo camino, tu secreto:
¿dónde guardas las huellas
de los santos, guerreros y poetas
que pasaron por ti?
¿En qué recodo tuyo
se ha escondido la calma de otro tiempo
vencida por el vértigo del día?

Quiero dejar la carretera negra,
ir, despacio, por ti
y aspirar el aroma
de las flores que crecen en tu orilla.

HALLAZGO

Como un esquife que, en el mar incierto,
nunca encontró la ruta salvadora
que, cruzando la niebla cegadora,
le condujese hasta seguro puerto;

cual peregrino errado en el desierto;
como una mariposa soñadora
que muere en la ventana engañadora
que le muestra como cielo abierto,

crucé la noche oscura de mi vida
y me arrastré por un manchado suelo
iluminado solo por un triste amor.

Y hoy, que creía mi esperanza ida,
súbitamente, oasis, puerto y cielo
tengo hallados en medio del dolor.

OPTIMISMO

No busques nada fuera de ti mismo
RICARDO LEÓN

Estaba todo dentro de mí mismo,
oculto por la adelfa maldecida
que diera muerte a la ilusión perdida
sembrando, con la duda, el pesimismo.

Y, en el preciso borde del abismo
hallé una verde senda florecida
que lleva hacia una bella y nueva vida
toda llena de gracia y optimismo.

Hoy quiero estar alegre, y si mañana
dejo sangre en las zarzas del camino
como tributo a la miseria humana,

bajo esta arcilla, barro de dolores,
llevo dentro de mí un soplo divino
que sabe hacer, con las espinas, flores.

II

LIRA ROTA

LA ROSA SOÑADA

I

Cada rosa sin cortar
guarda, escondida, una espina.
Ay del que alegre camina
y la contempla al pasar.

II

La rosa de este rosal
nació con un sueño mío
entre el camino y el río
que van por el roquedal.

La ilusión que yo tenía
por el camino se fue
y la rosa que soñé
al verla ir se afligía.

Aquella pena punzante
de la rosa enamorada
dejó una espina clavada
en mi corazón sangrante.

III

Por el camino desierto
me fui detrás de mi mal
y al pie del verde rosal
dejé mi corazón muerto.

Muerto quedó por el frío
de una lágrima engañosa:
las lágrimas de la rosa
eran gotas de rocío.

Y, cuando llegó el estío,
al aire se evaporaron.
Después… los vientos llevaron
la rosa muerta hasta el río.

La corola deshojada
de la rosa que soñé
pétalo a pétalo fue
por la corriente arrastrada.

IV

Ay, quién te pudiera dar,
rosa, de nuevo, la vida

y a mí la ilusión perdida
para volverte a soñar.

CANCIÓN TRISTE

Canción triste
que viniste
para aumentar mi dolor
rememoras
gratas horas
y en tus notas va mi amor.
Yo te escucho,
luego lucho
con mi pobre corazón;
gime y salta,
pues le falta
el cariño y la ilusión.

Entretanto,
con mi llanto
voy regando mi camino;
solo espero
que, si muero,
se mejore mi destino.

CONTRASTE

¿Recuerdas, cabecita ilusionada?
Tu amor en copa de oro me ofreciste
y yo bebí el licor que tú me diste
sin que la copa me importara nada.

Hoy un pobre aprendiz de guardarropa,
apurando el licor hasta las heces,
bebe de ese otro amor que tú le ofreces
tan solo por quedarse con la copa.

TÚ NO...

Tú no eres tú, porque fuiste la que fuiste;
aunque no quieras serlo; aunque no quieras
guardar en tu memoria las primeras
palabras amorosas que dijiste.

Yo sé bien que tu mente se resiste
a guardar la memoria de lo que eras;
yo bien sé, niña loca, que quisieras
olvidarte de aquel recuerdo triste.

Ha borrado la hierba ya las huellas
que hicieron nuestros pies en el sendero
aquella noche, bajo las estrellas.

Hay en tu corazón nuevos amores;
mas la fragancia del amor primero
no han podido borrarla nuevas flores.

ALBORADA

Pone la luz del alba en la mañana
un beso de cristal sobre las cosas;
en el vergel, sus notas melodiosas
un ruiseñor erótico desgrana.

He salido a aspirar en mi ventana
perfume de claveles y de rosas
del jardín, que, con galas primorosas
para brindar a mayo se engalana.

Luz, música y perfume en el ambiente;
mas, ¿qué me importa a mí de dicha tanta
si no está la que está en mi pensamiento?

¡Si no veo el destello de su frente,
ni escucho el rumor de su garganta,
ni respiro el perfume de su aliento!

DESENGAÑO

Seguimos cada cual nuestro camino
partiéndose en dos muertes una vida,
la venda de Cupido fue abatida
por la garra siniestra del destino.

Soy cual rudo y asceta peregrino
en busca de una Meca indefinida,
bajel perdido en mar embravecida
sin rumbo ni timón, sin fe ni tino.

Oculta bajo el palio de la suerte
se trocó la ilusión en desengaño.
¡Ya nadie, como yo, podrá quererte!

Amor mendigarás; pero, en castigo,
solamente hallarás traición y engaño
mientras yo en tu recuerdo te bendigo.

DOLOR Y ESPERANZA

Hoy no soy el poeta de los cantos vernales,
de los cantos sonoros, de los cantos banales.
Hoy no soy el poeta
de la frívola musa, de la musa coqueta.
Hoy no canto a la rosa
que, en vergel sonriente,
embalsama el ambiente con fragancia olorosa.
Hoy cantar yo quisiera con mi voz desolada
la tristeza infinita de una voz desgraciada,
la gentil margarita
que se muere en el prado deshojada y marchita
con sus pétalos secos, con su tallo tronchado.
Hoy no canto a la ninfa de los labios de grana
y de seno abultado
que nos brinda, amorosa, su belleza lozana.
Hoy quisiera cantar
a esas tristes muchachas que no pueden besar,
las de lánguido talle, las de labios febriles,
las de triste sonrisa, las de pómulos rojos,
las que acaso, en su vida, no verán más abriles,
las que vieron trocada su ilusión en abrojos.

Oh, mis pálidas musas, que lleváis en el pecho
el secreto nefasto de una trágica suerte

y el amargo recuerdo de un idilio deshecho:
vuestros labios no besan porque llevan la muerte.

Recibid el saludo de este humilde poeta
que quisiera anunciaros, cual si fuera profeta:
mostrará Dios al hombre la fontana escondida
donde mana el remedio para vuestro dolor;
volverá a vuestros cuerpos la salud y la vida,
volverá a vuestras almas la ilusión del amor.

CANTO A CUPIDO

¿Ya pasaron los tiempos dorados en que eras, Cupido,
un rapaz caprichoso que andaba la mágica senda
colocando en el pecho la flecha, en los ojos la venda
al feliz caminante que habías de amores herido,
cuando dicen que eran tus flechas saetas de fuego
que salían del arco insaciable de un arquero ciego?

Aunque arrojes, Cupido, iracundo, tu alhaja deshecha
y en alguna batalla se quede tu arco destemplado;
aunque, a ciegas, tus manos disparen en vano una flecha
para hacer revivir un cariño que estaba olvidado,
siempre habrá en tu camino florido nuevos corazones
esperando la flecha que encienda las nuevas pasiones.

Aunque pechos ruines se gocen con tu sacrificio,
aunque pechos sensatos se opongan a tus travesuras,
tú serás el artífice ciego que teje aventuras
y el anhelo que, a veces, redime la carne del vicio.
Desde el bello y luciente poblado a la mísera aldea
tú conviertes a Aldonza Lorenzo en gentil Dulcinea.

Aunque el tiempo, el dinero y la ausencia parezcan vencerte;
aunque al soplo de lenguas villanas se mueran las flores,

tú prosigues sembrando la tierra de nuevos amores,
tú serás el aliento divino que vence a la muerte,
tú serás, como un sol que naciera cada nuevo día,
el fanal que ilumina y convierte la prosa en poesía.

LA ROSA

Cuando miré aquella tarde
la rosa que me envió,
sólo vi en ella una burla
de su dicha a mi dolor.

Después… supe que sufría
ella mucho más que yo.

A UNA DE TANTAS

Triunfaste al fin en tu perverso empeño,
oh, mujer, prodigando la pintura,
con afeites, masaje y manicura
conseguiste alcanzar tu loco sueño.

El rímel de tus ojos se hizo dueño
robándoles su encanto y hermosura
y han perdido tus labios su frescura
bajo un falso carmín. Fruncido el sueño,

yo contemplo tu empeño tan humano
de querer parecer lo que no eres
y... palabra de honor que no fue en vano

tanto afán; que triunfaste en tu tarea:
eras guapa, mujer, y... ¿qué más quieres
si, de tanto pintarte, ya estás fea?

A UNA BELLA JULIETA

Aunque tu rostro no se ve completo,
me ha hechizado tu faz, bella Julieta,
y me ha intrigado la postura inquieta
que oculta, de tus labios, el secreto.

Nunca en ajenas cuitas me entrometo,
pero dime, adorable capuleta,
¿por qué causa has tomado esa rabieta?
—¿El amor? Ah, no temas, soy discreto.

Yo sabré resolver la papeleta.
Si aceptas mi cariño, te prometo
que al momento preparo la maleta

y en menos tiempo que hago este terceto
al pie de tu balcón irá el poeta
a cantarte tu amor en un soneto.

Mas temo no alcanzar la ansiada meta:
que has de ponerme el veto
si sabes que no tengo una peseta.

III

CANCIONES DEL ALMANZORA Y OTRAS

LA RONDA

I

Viento de poniente frío
azota los olivares.
Solloza el agua del río,
brilla la nieve en Bacares.

II

Por la plazoleta vienen
cantando los rondadores,
los rondadores que tienen
en la aldea sus amores.

Para la ronda un momento
en una oscura calleja
y suena, con dulce acento,
la canción ante la reja:

—«Asómate a la ventana,
niña de la pena mía,
para que digan mañana
que la noche se hizo día».

III

Una guitarra solloza
triste. La ronda se aleja
y el corazón de la moza
queda temblando en la reja.

LOS MONTES...

Los montes azules
se visten de niebla;
en el campanario
gira la veleta
y en el prado verde,
muy blanca, la escuela.

Los niños jugando
vuelan la cometa
por el cielo claro
sobre la arboleda.

Cuando el viento amaina
se abate a la tierra;
cuando el viento arrecia
más alta se eleva.
¡Cómo algunas almas
que la calma enerva
las hace más grandes
la fortuna adversa!

Los montes azules
se visten de niebla;
por el cielo claro
vuela la cometa.

AURORA

Es la alegre hora
del alborear,
cabalga la aurora
sobre el olivar.

Aún llena el espacio
la queja postrera
que lanzó en la noche
lechuza agorera.
¡Cantad, ruiseñores,
vuestro himno triunfal,
sus gratos acordes
ahuyentan el mal!

Lanzad sin descanso
trinos de alegría;
que huyen las tinieblas
y se acerca el día.
En el huerto oculto,
cantad ruiseñores,
mientras yo sepulto
mis muertos amores.
Al grato conjuro

de vuestras canciones
nacen en mi pecho
nuevas ilusiones.
Si tanto cantáis,
decid, ruiseñores,
¿el rosal dormido
dará nuevas flores?

CANTO A ALMERÍA

Tierra llena de sol, tierra sedienta,
curtida y azotada por el viento,
hoy se dirige a ti mi pensamiento.
¡Oh, mi amada provincia cenicienta,
cómo te añora el que de ti se ausenta!
Cuán lejano se encuentra aquel día,
cuando dicen que era
Granada tu alquería
y eras potente, rica y marinera.
De tu gloria pasada,
perdida en los legajos de la historia,
¿ya no te queda nada?
No. Viene a mi memoria
tu último y magnífico tesoro.
No aludo en estos versos
a tus minas de oro,
ni a tus otras riquezas naturales,
ni al otro oro que, en racimos tersos
adorna tus parrales,
ni a la riqueza varia
de la vega feraz que, despiadado,
arrasa el Almanzora;
ni el alma férrea, fiel y hospitalaria

de tu pueblo indolente y resignado,
digno heredero de la raza mora.
Ni la plata, ni el oro,
ni los dones y frutos de tu suelo
son, Almería, tu mejor tesoro,
que tu mayor riqueza
es una gracia excelsa, un don del cielo:
¡son tus mujeres de simpar belleza!

LA RIADA

Va el río desbordado, como un dragón de lodo
que ruge y se estremece. Avanza la riada
estruendosa, implacable, cual Furia desatada
con saña indescriptible, arrasándolo todo.
Se abaten sobre el agua, en raudo torbellino,
los álamos cansados de estar en la ribera;
se ve, flotando junto al ramaje de una higuera
el rodezno arrancado de un ruinoso molino.
Inunda el aire agreste un fuerte olor a cieno…
La gente de la aldea, subida en la colina,
mirando al agua turbia, contempla su ruina
con gesto resignado, con ademán sereno.

Pasan árboles, muebles, cabezas de ganado,
aperos de labranza, pedazos de bancales,
cual islotes flotantes, maderos de parrales…
Asoma unos momentos la mano de un ahogado…

Oh, vega verdecida, que ayer eras orgullo
del viejo pueblo triste que junto al Almanzora
hoy llora su desgracia. ¿Dónde estarás ahora?
¿Qué se ha hecho en un día de aquel encanto tuyo?
De aquella alfombra verde, perlada de rocío,

fruto de tantos años de lucha y de trabajo,
solo queda una enorme llanura de cascajo
en el fangoso cauce, desolado, del río.

LA FUENTE SECA

¡Ay, fuente seca y dormida
en la huerta calcinada!
Solo quedan piedra y polvo
donde brotaba tu agua.
¡Ay, fuente, que no se oye
la canción de tu agua clara!
¿Por qué ya no vive nadie
en la aldea abandonada?
¿Por qué es nido de alacranes
lo que antes cristal manaba?
¿Qué maldición te secó,
fuente, que estás tan callada?

—Fue… el conjuro de una lágrima
de una moza desdeñada.

¡Ay, fuente seca y dormida
en la huerta calcinada!

TU SONRISA

Es tu sonrisa grácil la divisa
de la paz interior que resplandece
en tu cara donosa, que se crece
en belleza al ornarla tu sonrisa

con gracia leve alada e imprecisa,
como el cristal del río se embellece
si la blanda caricia lo estremece,
cuando lo besa el soplo de la brisa.

Si con palabra torpe o injuriosa
te han ofendido, sin perder la calma,
tú pagas con sonrisa generosa.

¡Sonrisa angelical en claro espejo!
Si tu cara es espejo de tu alma,
es tu sonrisa tu mejor reflejo.

FERIA EN ALBOX

En Albox esta hermosa mañana
empieza la feria
y la rambla es aórtica arteria
con el pulso de sangre gitana.
Desde el pie de la vieja muralla
que mantiene a raya,
de las aguas, el curso imponente
en alguna ruinosa avenida,
hasta el fresco lugar de la fuente;
de los nuevos pilares del puente
a la vega sedienta y dormida
se ha extendido un humano hormiguero
que lucha y se afana
por lograr con engaño el dinero.
Ved de qué manera
un borrico famélico y triste
que apenas resiste
el cefírico empuje del viento
se convierte al llegar a las manos
de los pillos y aviesos gitanos
en un ágil y ardiente Pegaso.

«No, tío Perico,
hágame *usté* caso,

qu'esto es cosa seria.
¡Por mi padre
qu'este es el borrico
mejó de la feria!
¡No hay en todo el río
asno de más brío
ni *mejó plantao.*
Y, por lo que toca
a los años, los tiene en la boca.
Pa corré, un caballo a su *lao*
es un *caracó.*
No le digo a *usté na* cuando labra,
no hay otro *mejó.*
Tío Pedro, crea *usté* en mi palabra,
se lo digo yo».

Y el gitano se monta al momento
en el asno, híncale el aguijón
sin ser visto, nombra a Faraón
y el asnillo corre como el viento.

Se ve que el borrico
no es «juanramoniano»
ni es este gitano
el de Federico.

55

Convencido por esta carrera
el Tío Perico
saca su cartera,
le paga al gitano y se lleva el borrico.

Declina la tarde en el horizonte,
el sol se aproxima a la cima del monte.
Por la carretera
se aleja la gente
y un gitano de faca y tijera,
con gesto indolente,
va esquilando una burra platera
debajo del puente.

SONATA EN SI

¿Y no habrá en el banquete de la vida
una copa servida

       para mí?
—Sí
—dijo una voz, y se alargó una mano—:
—Toma; toma tu copa y bebe, hermano.
—Buen licor, es más dulce que la miel;
mas... el último amarga... ¡Sabe a hiel!
—Es que, hermano, bebiste apresurado
y apuraste la copa demasiado.
—Sí,
confieso que impaciente la bebí,
que nunca para el goce fue temprano.
—Pues, hermano,
no supiste esperar a que tu hora
sonase en el reloj; tu culpa llora.

¿Por qué ha de ser tan triste mi camino
y por qué sólo en él crece el espino?
¿Es acaso mi vida
sufrimiento sin fin y sin medida?
Dijo otra voz: —¡Espera
—y detuve un instante mi carrera.
Los dos hermosos ojos

tornaron en claveles los abrojos
y admirando el candor de la doncella
miré mis ojos en los ojos de ella.
—¡Las culpas que se pagan en el suelo
son estrellas que nacen en el cielo!
Sé, desde entonces, que la vida es bella.
Un murmullo de luna junto a mí
musitó: —¡Sí!

AGRESTE

Duerme la aldea callada
en lo más hondo del valle
bajo la montaña.
Pequeñas casas de arcilla,
iglesia con espadaña...
Atardece; toca el Ángelus
la pueblerina campana.

Brilla en medio de la falda
el mármol de la cantera.
Nieve que nunca se acaba.

Y bajan los carreteros
con las carretas cargadas
de piedras de blanco mármol
en la cantera arrancadas.

De esta cantera mandó
cortar el rey de Granada
el mármol con que se hicieron
los leones de la Alhambra.

LA GITANA RUBIA

No era gitana la moza,
era rubia... y castellana.

No era... pero una noche
la vi bailar una zambra
y dudo que se haya visto
bailar tan bien ni en Granada.
Sus manos cual dos palomas
sobre sus hombros volaban
y en ellas las castañuelas
solas repiqueteaban
lo mismo que surtidores
de carcajadas de plata;
con rítmico movimiento,
al compás de la guitarra,
temblaban llenos de gozo
los volantes de su falda
porque vieron que eran rosas
las mejillas de su cara.

A UN OLIVO

El verde olivo que en mitad del prado
hoy crece corpulento
estuvo en otro tiempo abandonado,
enfermo y de color amarillento.
El tronco añoso se pudrió en su centro
y aquel olivo, siempre tan frondoso,
al enfermar por dentro,
se convirtió en un árbol achacoso.
Pero vino del hacha el golpe bronco
y, como el bisturí del cirujano,
la parte enferma separé del tronco
dejando en pie tan solo el cuerpo sano.
Libre ya el viejo olivo de su tara,
volvió la savia a ser fuente de vida
y, recobrada la salud perdida,
de nuevo, dio su fruto a la almazara.
Las tórtolas que un día le abandonaron
cuando estaba podrido,
otra vez en sus ramas colocaron,
solícitas, los palos de su nido.

Fue la mano de Dios omnipotente
la que otorgó al olivo

esa vitalidad tan sorprendente
que lo mantuvo vivo.

Que Él nos dé la paz tan deseada
que el ramo del olivo simboliza
y libre nuestra carne atribulada
del mal que la esclaviza
curando nuestra herida.

¡Que Él nos conceda, olivo, en tal manera,
hasta el fin natural de nuestra vida,
esa fuerza vital de tu madera!

VIENTO DE PONIENTE

¡Viento de poniente,
viento de mi tierra!
¡Sopla como entonces
con toda tu fuerza!
Me has dado de cara
en las horas buenas:
quiero que me azotes
en estas de pena.

¡Viento de poniente
sobre Cartagena!
Es noche de perros
y todos te dejan,
por eso está toda
la calle desierta.
Pero yo he de hablarte,
viento de mi tierra.
¿Me traes en tus ondas
noticias de ella?
Porque en ti parece
que aspiro su esencia.

¡Viento de poniente
sobre Cartagena!

Sopla como entonces,
con toda tu fuerza
a ver si te llevas
toda mi tristeza.

¡Viento de poniente,
viento de mi tierra!

CERVANTES EN LEPANTO

Ínclito héroe de la raza hispana
que en la naval batalla de Lepanto
asombro causó al mundo, al turco espanto
y estupor a la flota veneciana.

Allí fue hollado el brío de la otomana
soberbia altiva convertida en llanto
y en oprobio; cautivo tú, entre tanto,
fue la desgracia de tu ingenio hermana.

Bien sé que en la naval dura palestra
perdiste el movimiento de la mano
izquierda, para gloria de la diestra.

Mas te quedó tu ingenio sobrehumano
para escribir la gran obra maestra,
gloria del idioma castellano.

*Nota: el primer terceto está tomado del *Viaje del Parnaso*.

AL *QUIJOTE*

«Voto a Dios que me espanta esta grandeza
y que diera un doblón por» ensalzalla
porque ¿a quién no sorprende y avasalla
esta obra genial, esta rareza?

Pero es tanto el donaire y la belleza
que leyendo sus páginas se halla,
que el respeto al autor mi lengua calla
por temor a decir una torpeza.

Apostaré que le valió a Cervantes
esta obra maestra una fortuna
en pago a las primicias de su genio.

Esto oyó un erudito y dijo: —Antes
al contrario, no le valió ninguna
porque la envidia persiguió a su ingenio.

TIERRA SIN AGUA

Se rompe el sol cansado de febrero
sobre el turbio cristal del Almanzora.
Sus frutos de oro llora
abatido en el fango un limonero,
árbol mustio que añora
aquella hermosa huerta verdecida
perlada de rocío
que ayer, no más, estaba junto al río
pero que ya no existe.

Mudo paisaje triste.
Aquellos naranjales, ¿qué se hicieron?
Y los verdes trigales
que alfombraban sus fértiles bancales,
¿hacia dónde se fueron?
Los chopos que guardaban la ribera,
los dormidos parrales
no brotarán en esta primavera.
Tierra sin agua hacia la mar perdida,
ya te ha segado el río
con su hoz dorada por el sol bruñida.

Solo nos queda ahora
tu agua sin tierra, trágico Almanzora.

HERMANA LUNA

Hermana Luna de la faz desierta,
que por la inmensa bóveda silente
vas paseando tu materia muerta
de levante a poniente.
Hermana Luna, ¿es cierto
que hay miles de volcanes apagados
sobre tu rostro muerto?
¿No canta el agua entre las piedras tristes
de tus montes dorados?
¿No hay primavera en ti, nunca te vistes
con un traje de flores?
¿Siempre la misma trágica sonrisa
ofreces a los astros silenciosos?
¿No te arrullan los pájaros cantores
ni te acaricia el soplo de la brisa?
¿Jamás los dulces besos rumorosos
ni las alas batientes anunciaron
el poso del amor sobre tu suelo?

Si eres tan solo imagen de la muerte,
¿por qué brillas tan bella,
como un dije de oro sobre el cielo
pendiente de una estrella?

—«Es por la luz del Sol, que me ilumina,
lo mismo que tu alma pecadora
a veces resplandece cristalina
tocada por el rayo luminoso
de la gracia divina».

CUANDO LA LIRA AÚN SUENA

Este libro se cierra, pero la voz que lo habita no se apaga. Queda suspendida, como un eco tenue, fiel a lo que fue vivido y sentido. *Lira rota* no es el lamento de un instrumento inútil, sino la prueba de que incluso lo quebrado puede seguir diciendo verdad.

Estos poemas nacieron cuando la vida se volvió frágil y el tiempo dejó de darse por supuesto. En la enfermedad, en la espera silenciosa, en el amor amenazado, la palabra se convirtió en refugio para mirar de frente al dolor. De ahí su tono contenido, su forma cuidada, su claridad. Aquí no hay exceso ni alarde: hay necesidad.

El amor aparece como herida que no se niega, como recuerdo que no se traiciona. La fe se intuye, se suplica, se espera. Dios no es respuesta fácil, sino presencia que acompaña, como la luz que entra por una grieta. Y la tierra —el Almanzora, sus ríos y sequías, sus pueblos, su gente— es, además de paisaje, raíz. Todo lo que se ama y todo lo que se pierde acaba volviendo a ella.

Hay en estos versos una fidelidad profunda: a la experiencia vivida, al primer amor, a la dignidad del sufrimiento humano. Incluso cuando el desengaño habla, no lo hace con rencor. Incluso cuando el dolor pesa, no anula la esperanza. La palabra se mantiene limpia porque nace de una conciencia honesta.

Quizá por eso este libro sigue respirando. Porque no fue escrito para un tiempo concreto ni para una moda literaria, sino para sostener lo esencial. En su música imperfecta reconocemos algo propio: la certeza de que vivir es, muchas veces, aprender a cantar con la lira dañada.

Y mientras esa música siga sonando —humilde, clara, verdadera—, la voz de mi padre permanecerá entre nosotros.

Bartolomé García Pérez
Hijo de Martín García Ramos

ÍNDICE